ORDONNANCE DU ROI,

Concernant les Dragons.

Du 21 Décembre 1762.

DE PAR LE ROI.

SA MAJESTÉ voulant expliquer ſes intentions ſur la compoſition de ſes régimens de Dragons, & leur donner, ainſi qu'à ceux de ſa Cavalerie, une conſtitution ſolide & invariable, qui aſſure aux Officiers qu'Elle jugera à propos d'y conſerver, la poſſeſſion de leurs emplois, ſans rien appréhender des réformes à venir, Elle a ordonné & ordonne ce qui ſuit :

ARTICLE PREMIER.

Dix-ſept Régimens conſervés.

LES régimens Colonel-général, Meſtre-de-camp-général, Royal, du Roi, de la Reine, Dauphin, Orléans, Bauffremont, Choiſeul, d'Autichamp, Chabot, Coigny, Nicolaï, Chapt, Chabrillant, Languedoc & Schomberg ſeront conſervés ſur pied.

II.

Compoſition des régimens.

CHACUN de ces régimens ſera compoſé, en tout temps, de huit compagnies, leſquelles formeront quatre eſcadrons; & à cet effet, le régiment de Schomberg conſervera les huit compagnies dont il eſt compoſé, & les ſeize compagnies qui compoſent actuellement chacun des autres régimens, ſeront doublées, pour n'en former à l'avenir que huit.

III.

Suppreſſion du titre de Cornette, & création de Sous-lieutenant.

IL ſera créé une place de Sous-lieutenant dans chaque compagnie, à l'exception de celle de la compagnie générale du Colonel-général où il y en a déjà un, & le titre de Cornette ſera ſupprimé, à la réſerve de celui qui eſt attaché à la compagnie du Colonel-général des Dragons.

IV.

Suppreſſion des Maréchaux-des-logis actuels, & création de nouveaux.

LA place de Maréchal-des-logis de chaque compagnie, telle qu'elle eſt aujourd'hui, ſera ſupprimée, & il ſera créé dans chaque compagnie quatre places de Maréchal-des-logis, pour y remplir les mêmes fonctions que les Sergens dans l'Infanterie: voulant Sa Majeſté que leſdits Maréchaux-des-logis ſoient les premiers Bas-officiers de la compagnie, & qu'ils ſoient aſſujétis aux mêmes loix & aux mêmes peines, en cas de déſertion, que les autres Bas-officiers.

V.

Compoſition des compagnies de Dragons, en temps de paix.

CHAQUE compagnie de Dragons, ſera commandée en tout temps par un Capitaine, un Lieutenant & un Sous-lieutenant; & compoſée, en temps de paix, de quatre

Maréchaux-des-logis, un Fourrier, huit Brigadiers, huit Appointés, vingt-quatre Dragons & un Tambour, formant quarante-ſix hommes, dont trente ſeront montés, & ſeize reſteront à pied.

L'intention de Sa Majeſté eſt cependant que la compagnie du Colonel-général continue d'être commandée par un Capitaine-lieutenant, un Sous-lieutenant & un Cornette; & que celle du Meſtre-de-camp-général deſdits Dragons le ſoit par le Meſtre-de-camp dudit régiment, un Capitaine-lieutenant & un Sous-lieutenant.

Diviſion deſdites compagnies par eſcouades.

Les huit Brigadiers, les huit Appointés & les vingt-quatre Dragons formeront huit eſcouades de cinq hommes chacune, y compris un Brigadier & un Appointé; la première & la cinquième eſcouade formeront une première ſubdiviſion, à laquelle ſera attaché le premier Maréchal-des-logis; la ſeconde & la ſixième eſcouade formeront une deuxième ſubdiviſion, à laquelle ſera attaché le ſecond Maréchal-des-logis; la troiſième & la ſeptième eſcouade formeront une troiſième ſubdiviſion, commandée par le troiſième Maréchal-des-logis; la quatrième & la huitième eſcouade formeront la quatrième ſubdiviſion, à laquelle ſera attaché le quatrième Maréchal-des-logis.

Les première & troiſième ſubdiviſions formeront la première diviſion qui ſera ſubordonnée au Lieutenant, & les deuxième & quatrième ſubdiviſions formeront la ſeconde diviſion que commandera le Sous-lieutenant; ces deux Officiers rendront tous les jours compte de tous les détails qui concerneront leur diviſion au Capitaine qui en répondra au Major, & ce dernier au Meſtre-de-camp, & en ſon abſence, au Lieutenant-colonel.

VI.

Compoſition des compagnies en temps de guerre.

L'INTENTION de Sa Majeſté étant de ne plus augmenter à l'avenir le nombre de ſes Troupes par la création de nouveaux régimens, ni même par des compagnies nouvelles, dont l'uſage a été ſujet à plus d'inconveniens dans les Troupes à cheval que dans l'Infanterie; & ayant réſolu de ne faire ces augmentations que par un nombre égal d'hommes & de chevaux dans chaque eſcouade, ſans augmentation d'Officiers ni de Bas-officiers ; Elle veut & entend que les compagnies de Dragons conſervent, ſoit en temps de paix, ſoit en temps de guerre, le nombre d'Officiers & de Bas-officiers, fixé par l'article V de la préſente ordonnance; & Elle ſe réſerve de déclarer lorſque les circonſtances l'exigeront, le nombre d'hommes & de chevaux dont Elle jugera à propos d'augmenter les eſcouades de chaque compagnie.

VII.

Création de Sous-aides-major.

POUR ſoulager le Major & les Aides-major dans leurs fonctions, il ſera créé dans chaque régiment de Dragons, deux charges de Sous-aides-major.

VIII.

Création d'un Tréſorier.

LE Major ne devant pas être diſtrait des fonctions principales de ſa charge, qui conſiſtent dans la police, la diſcipline, la tenue & les exercices du régiment, il ſera établi dans chaque régiment de Dragons, un Tréſorier qui ſera particulièrement chargé de l'adminiſtration des deniers.

IX.

Création d'un Quartier-maître.

IL ſera pareillement établi dans chacun deſdits régimens, un Quartier-maître dont les fonctions ſeront réglées ci-après.

X.

IL sera aussi établi un Porte-guidon par chaque escadron desdits régimens.

Création d'un Porte-guidon.

X I.

AU moyen de ce qui est prescrit par les articles VII, VIII, IX & X, l'État-major de chaque régiment de Dragons sera composé, en tout temps, d'un Mestre-de-camp, un Lieutenant-colonel, un Major, deux Aides-major, deux Sous-aides-major, un Quartier-maître, quatre Porte-guidons & d'un Trésorier; il y sera établi de plus en temps de guerre, un Aumônier & un Chirurgien.

Composition de l'État-major de chaque régiment.

X I I.

IL y aura un Mestre-de-camp en second, dans le régiment du Mestre-de-camp-général; à l'égard de ceux que Sa Majesté a jugé à propos d'établir dans les régimens d'Orléans & de Schomberg, ils continueront d'y être entretenus jusqu'à ce qu'Elle en ordonne autrement; mais ces trois Mestres-de-camp en second n'auront point de compagnie.

Mestres-de-camp en second ou Commandant, n'auront point de compagnie.

X I I I.

SA MAJESTÉ considérant que le bien de son service exige que les charges de Lieutenant-colonel & de Majors des régimens, soient remplies par les sujets les plus distingués, tant par leurs services que par leurs talens; & voulant de plus en plus ranimer l'émulation parmi les Officiers de ses Troupes, Elle a résolu de s'en réserver la nomination, & de choisir à l'avenir les sujets qui devront remplir ces places, parmi les Lieutenans-colonels & les Majors réformés, & parmi ceux des Capitaines de tous les régimens de Dragons indistinctement, soit en pied, soit réformés, qu'Elle jugera devoir mériter cet avancement.

Choix des Colonels & des Majors.

XIV.

Rang & autorité du Major.

Sa Majesté trouvant convenable au bien de son service, que le Major ait en tout temps sur les Capitaines, l'autorité nécessaire pour remplir ses fonctions, Elle veut qu'à l'avenir, la charge de Major soit, dans tous les régimens de Dragons, un grade supérieur à celui de Capitaine, & que ledit Major commande le régiment, en l'absence du Mestre-de-camp & du Lieutenant-colonel, & en leur présence sous leur autorité, & qu'il passe du grade de Major à celui de Lieutenant-colonel ou de Mestre-de-camp, pour devenir Officier général.

XV.

Le Major chargé supérieurement des menues réparations.

Le Major sera seul chargé d'ordonner, sous l'autorité du Mestre-de-camp & du Lieutenant-colonel, les menues réparations, dont il confiera le soin dans chaque régiment, aux Aides-major & aux Sous-aides-major, qui seront tenus de lui en rendre compte.

XVI.

Aides-major.

Les Aides-major continueront de jouir des mêmes prérogatives dont ils jouissent actuellement, rempliront les mêmes fonctions, & veilleront à la manutention & à la consommation des fourrages.

XVII.

Sous-aides-major.

Les Sous-aides-major seront subordonnés aux Aides-major, ils seront spécialement chargés de veiller à l'entretien des compagnies, à ce que les menues réparations soient faites à mesure, au moyen des fonds que Sa Majesté y destinera, & à la consommation des fourrages; les Sous-lieutenans qui seront choisis pour remplir les charges de Sous-aides-major, auront rang de Lieutenant du jour de leur brevet, & en conséquence ils commanderont à tous les Sous-lieutenans & à tous les Lieutenans moins anciens qu'eux.

XVIII.

Porte-guidons.

LES Porte-guidons feront uniquement employés à porter les guidons; ils auront rang de derniers Sous-lieutenans, & feront toûjours tirés du corps des Maréchaux-des-logis.

XIX.

Quartier-maître.

LE Quartier-maître de chaque régiment, sera aussi tiré du corps des Maréchaux-des-logis; il aura rang de Sous-lieutenant, commandera spécialement tous les Fourriers, & sera chargé du logement, du campement, des distributions & autres fonctions relatives, supérieurement à eux.

XX.

Fonctions des Trésoriers, & par qui nommés.

LES Trésoriers seront spécialement chargés de l'administration des deniers de chaque régiment; ils seront présentés par le Mestre-de-camp, le Lieutenant-colonel & le Major, au Secrétaire d'État ayant le département de la guerre, qui leur fera expédier des brevets pour remplir lesdites places, après qu'il les aura agréés.

XXI.

Établissement d'une caisse.

TOUT l'argent de la Solde & de la Masse, ou de toute autre partie, qui appartiendra à chaque régiment, sera remis tous les mois au Trésorier, pour être enfermé dans une caisse dont il aura la régie, subordonnément au Major, sous les ordres du Secrétaire d'État ayant le département de la guerre.

XXII.

Trois clefs à ladite caisse, & par qui gardées.

CETTE caisse aura trois serrures, dont les trois clefs seront entre les mains, l'une du Mestre-de-camp, &

en ſon abſence, du Commandant du régiment; la deuxième entre les mains du Major, & la troiſième entre celles du Tréſorier.

XXIII.

Par qui les clefs gardées en l'abſence du Meſtre-de-camp & du Major.

En l'abſence du Meſtre-de-camp, la clef dont il doit être dépoſitaire, demeurera entre les mains du Lieutenant-colonel; en l'abſence de ce dernier, entre les mains du plus ancien des Capitaines qui ſe trouveront préſens; & en l'abſence du Major, ſa clef demeurera entre les mains d'un Aide-major, de manière que dans tous les cas la caiſſe ne puiſſe s'ouvrir qu'en préſence de trois perſonnes: Entendant Sa Majeſté que ladite caiſſe ſoit dépoſée chez le Commandant du régiment, avec les guidons.

XXIV.

Adminiſtration de la caiſſe.

Il y aura toûjours dans la caiſſe de chaque régiment, un état des fonds qui y ſeront mis, & un état de ceux qui en ſeront tirés, avec les cauſes de recette & de dépenſe; ces états ſeront ſignés du Commandant du corps, du Major & du Tréſorier; il en ſera remis un double au Major, & il en ſera envoyé un tous les mois au Secrétaire d'État ayant le département de la guerre.

XXV.

Choix actuel des Bas-officiers.

Sa Majesté trouvant convenable au bien de ſon ſervice, que les places de Maréchaux-des-logis, Fourriers & Brigadiers ne ſoient remplies que par des ſujets ſages, intelligens, ſachant lire & écrire, & qui aient le talent, en inſtruiſant les Dragons, de s'en faire obéir; ſon intention eſt qu'il ſoit fait, par le Commandant & le Major de chaque régiment, un examen exact des ſujets qui rempliſſent actuellement ces places, & que tous ceux

qui

qui ne ſe trouveront point avoir les qualités preſcrites ci-deſſus, en ſoient retirés; ſavoir, les Maréchaux-des-logis pour être renvoyés, & les Fourriers & Brigadiers pour entrer dans la claſſe des Appointés: Voulant Sa Majeſté que les Commandans & Majors choiſiſſent, pour cette fois ſeulement, les ſujets qui ſeront les plus propres à les remplacer.

XXVI.

SA MAJESTÉ voulant en même temps expliquer ſes intentions ſur la manière dont il ſera procédé à l'avenir au choix des Bas-officiers, Elle a réglé que,

Choix des Maréchaux-des-logis à l'avenir.

Lorſqu'il vaquera une place de Maréchal-des-logis dans une compagnie, les douze plus anciens Maréchaux-des-logis du régiment, s'aſſembleront avec les Porte-guidons chez le Major, pour choiſir parmi tous les Fourriers du régiment, ſans aucun égard à l'ancienneté, les trois ſujets qu'ils croiront les plus propres à remplir la place vacante; ils les préſenteront au Major & au Capitaine de la compagnie dans laquelle la place de Maréchal-des-logis ſera vacante, & ſur le rapport de ces deux Officiers, le Commandant du régiment nommera celui des trois ſujets propoſés qui lui paroîtra mériter la préférence.

XXVII.

Choix des Fourriers.

LORSQU'IL vaquera une place de Fourrier, tous les Fourriers s'aſſembleront avec le Quartier-maître chez le Major, pour choiſir parmi tous les Brigadiers du régiment, les trois ſujets qu'ils croiront les plus propres pour remplir la place vacante; ils les préſenteront au Major & au Capitaine de la compagnie dans laquelle la place de Fourrier ſera vacante, de la même manière qu'il eſt expliqué dans l'article précédent pour les Maréchaux-des-logis.

XXVIII.

Choix des Brigadiers.

LORSQU'IL vaquera une place de Brigadier, les huit plus anciens Brigadiers, & les quatre plus anciens Fourriers s'aſſembleront chez le Major, pour choiſir parmi tous les Dragons du régiment, trois ſujets qu'ils préſenteront au Major & au Capitaine de la compagnie dans laquelle la place de Brigadier ſera vacante, de la manière réglée par les articles précédens.

XXIX.

Fonctions des Maréchaux-des-logis.

LES Maréchaux-des-logis commanderont leurs ſubdiviſions, les maintiendront en bonne diſcipline & police, & rendront tous les jours compte aux Officiers de tous les détails qui concerneront leſdites ſubdiviſions, ainſi qu'il eſt preſcrit par l'article V.

XXX.

Fonctions des Fourriers.

LES Fourriers ſeront entièrement ſubordonnés aux Quartiers-maîtres des régimens; ils ſeront chargés ſous leurs ordres, du détail de toutes les ſubſiſtances, des diſtributions, des fourrages & du logement, du campement & de la propreté du quartier & du camp : ils auront rang de derniers Maréchaux-des-logis, & ſeront diſpenſés de monter aucune garde.

XXXI.

Fonctions des Brigadiers.

LES Brigadiers veilleront ſur la diſcipline, la police, les exercices & les manœuvres de leur eſcouade ; ils en répondront au Maréchal-des-logis de leur ſubdiviſion, & ſuppléeront aux Maréchaux-des-logis qui pourront manquer.

XXXII.

Places d'Appointés aux plus anciens Dragons de chaque compagnie.

LES places d'Appointés seront données, quant-à-présent, par préférence aux Fourriers & Brigadiers réformés; mais à l'avenir ces places d'Appointés appartiendront toûjours de droit aux plus anciens Dragons de chaque compagnie : ils commanderont l'escouade dont ils feront partie, au défaut des Brigadiers qui en seront toûjours les chefs.

XXXIII.

Engagemens fixés à 8 années, Congés donnés à l'expiration. Les haute-payes cesseront de rengager.

LE terme des engagemens sera fixé à l'avenir à huit années au lieu de six; les Dragons qui monteront aux haute-payes, ne seront point tenus, comme par le passé, de servir trois ans au-delà du terme de leur engagement; le congé absolu sera donné régulièrement chaque année aux Dragons dont l'engagement sera expiré.

XXXIV.

Congé donné aux quatre plus anciens Dragons ou Miliciens.

SA MAJESTÉ donnera ses ordres pour faire délivrer dès-à-présent le congé absolu aux quatre plus anciens Dragons de chaque compagnie, qui s'étant engagés pour six ans, ont continué de servir au delà de ce terme, le temps de leur service ayant été prolongé à cause de la guerre; & il en sera délivré un pareil nombre régulièrement chaque année, à ceux qui seront dans ce cas : Voulant cependant Sa Majesté que s'il se trouvoit encore dans les compagnies, des Miliciens incorporés, ils soient renvoyés par préférence, jusqu'à la concurrence de quatre, & ainsi successivement chaque année.

XXXV.

Récompense pour les Dragons qui auront renouvelé un second engagement.

LES Dragons qui, aux termes de l'article XXXIII, auront volontairement renouvelé un second engagement, & qui, en conséquence, après avoir servi seize ans, voudront se retirer chez eux & non ailleurs, y toucheront la moitié de leur solde; & Sa Majesté leur fera délivrer tous les huit ans un habit de l'uniforme du régiment dans lequel ils auront servi.

XXXVI.

Récompense pour ceux qui auront renouvelé volontairement un troisième engagement.

CEUX qui ayant renouvelé volontairement un troisième engagement auront servi vingt-quatre ans, auront le choix, ou d'être reçûs à l'Hôtel royal des Invalides, ou de se retirer chez eux & non ailleurs, avec leur solde entière; & Sa Majesté leur fera délivrer tous les six ans un habit de l'uniforme du régiment dans lequel ils auront servi.

XXXVII.

Appointemens & solde en paix ou en guerre.

SA MAJESTÉ ayant réglé pour les Troupes d'Infanterie & de Cavalerie, une paye de paix & une paye de guerre, a résolu d'en user de même pour les régimens de Dragons; & en conséquence, Elle veut que les appointemens & solde soient payés auxdits régimens de Dragons, sur le pied par jour,

SAVOIR,

COMPAGNIES.	EN TEMPS DE PAIX.			EN TEMPS DE GUERRE.		
	Par jour.	Par mois.	Par an.	Par jour.	Par mois.	Par an.
A chaque Capitaine, cinq livres en paix, & dix livres en guerre..	5l. ″s. ″d.	150l. ″s. ″d.	1800l.	10l. ″s. ″d.	300l. ″s. ″d.	3600l.
A chaque Capitaine-lieutenant des compagnies Colonel-général & Mestre-de-camp-général, & à chaque Lieutenant des autres compagnies, deux livres quatre sols cinq deniers un tiers en paix, & deux livres quinze sols six deniers deux tiers en guerre........	2. 4. 5 $\frac{1}{3}$	66. 13. 4	800.	2. 15. 6 $\frac{2}{3}$	83. 6. 8	1000.

	EN TEMPS DE PAIX.			EN TEMPS DE GUERRE.		
	Par jour.	Par mois.	Par an.	Par jour.	Par mois.	Par an.
Au Sous-lieutenant de la compagnie du Colonel-général des Dragons, une livre treize sols quatre deniers en paix, & deux livres quatre sols cinq deniers un tiers en guerre.	1l 13f 4d	50l ″f ″d	600l	2l 4f 5d $\frac{1}{3}$	66l 13f 4d	800l
Au Cornette de ladite compagnie, une livre dix sols en paix, & deux livres quatre sols cinq den. un tiers en guerre.	1. 10. ″	45. ″ ″	540.	2. 4. 5 $\frac{1}{3}$	66. 13. 4	800.
Aux Sous-lieutenans des autres compagnies, une livre sept sols neuf deniers un tiers en paix, & deux livres quatre sols cinq den. un tiers en guerre.	1. 7. 9 $\frac{1}{3}$	41. 13. 4	500.	2. 4. 5 $\frac{1}{3}$	66. 13. 4	800.
A chaque Maréchal-des-logis, douze sols en paix, & quatorze sols en guerre.	″ 12. ″	18. ″ ″	216.	″ 14. ″	21. ″ ″	252.
A chaque Fourrier, dix sols six deniers en paix, & douze sols six deniers en guerre.	″ 10. 6	15. 15. ″	189.	″ 12. 6	18. 15. ″	225.
A chaque Brigadier, sept sols six deniers en paix, & neuf sols six deniers en guerre.	″ 7. 6	11. 5. ″	135.	″ 9. 6	14. 5. ″	171.
A chaque Appointé, sept sols en paix, & neuf sols en guerre.	″ 7. ″	10. 10. ″	126.	″ 9. ″	13. 10. ″	162.
A chaque Dragon ou Tambour, six sols six deniers en paix, & huit sols six deniers en guerre.	″ 6. 6	9. 15. ″	117.	″ 8. 6	12. 15. ″	153
ÉTAT-MAJOR.						
Au Mestre-de-camp, y compris ses appointemens de Capitaine, seize livres treize sols quatre deniers en paix, & dix-huit livres six sols huit deniers en guerre. . .	16. 13. 4	500. ″ ″	6000.	18. 6. 8	550. ″ ″	6600.
Au Lieutenant-colonel, y compris ses appointemens de Capitaine, dix livres en paix, & quinze livres en guerre.	10. ″ ″	300. ″ ″	3600.	15. ″ ″	450. ″ ″	5400.

	EN TEMPS DE PAIX.			EN TEMPS DE GUERRE.		
	Par jour.	Par mois.	Par an.	Par jour.	Par mois.	Par an.
A chacun des Meſtre-de-camp en ſecond des régimens du Meſtre-de-camp-général, d'Orléans & de Schomberg, ſix livres dix-huit ſols dix deniers deux tiers en paix, & huit livres ſix ſols huit deniers en guerre.......	6l 18f 10d ⅔	208l 6f 8d	2500l	8l 6f 8d	250l ″f ″d	3000l
Au Major, huit livres ſix ſols huit deniers en paix, & douze livres dix ſols en guerre......	8. 6. 8	250. ″ ″	3000.	12. 10. ″	375. ″ ″	4500.
A chaque Aide-major, avec commiſſion de Capitaine, cinq livres en paix, & huit livres ſix ſols huit deniers en guerre.....	5. ″ ″	150. ″ ″	1800.	8. 6. 8	250. ″ ″	3000.
A chaque Aide-major, ſans commiſſion de Capitaine, quatre livres trois ſols quatre deniers en paix, & cinq livres onze ſols un denier un tiers en guerre......	4. 3. 4	125. ″ ″	1500.	5. 11. 1⅓	166. 13. 4	2000.
A chaque Sous-aide-major, deux livres quinze ſols ſix deniers deux tiers en paix, & trois livres ſix ſols huit deniers en guerre...	2. 15. 6⅔	83. 6. 8	1000.	3. 6. 8	100. ″ ″	1200.
Au Quartier-maître, une livre treize ſols quatre den. en paix, & deux livres quatre ſols cinq deniers un tiers en guerre....	1. 13. 4	50. ″ ″	600.	2. 4. 5⅓	66. 13. 4	800.
A chaque Porte-guidon, une livre ſix ſols huit deniers en paix, & une livre dix ſols en guerre...	1. 6. 8	40. ″ ″	480.	1. 10. ″	45. ″ ″	540.
Au Tréſorier, cinq livres onze ſols un denier un tiers en paix, & huit livres ſix ſols huit deniers en guerre................	5. 11. 1⅓	166. 13. 4	2000.	8. 6. 8	250. ″ ″	3000.
A l'Aumônier, deux livres en temps de guerre ſeulement....	....	....	....	2. ″ ″	60. ″ ″	720.
Au Chirurgien, deux livres en temps de guerre ſeulement....	....	....	....	2. ″ ″	60. ″ ″	720.

Voulant Sa Majeſté que la paye de guerre ne ſoit

donnée qu'à ceux desdits régimens qui serviront en campagne, à commencer du jour de leur arrivée à l'armée, jusqu'à celui de leur départ de l'armée pour rentrer dans le royaume; & que ceux qui demeureront en garnison dans le royaume pendant la guerre, ne touchent que la paye réglée pour le temps de paix.

X X X V I I I.

VEUT & entend Sa Majesté que sur la solde réglée à chaque Maréchal-des-logis, Brigadier, Fourrier, Appointé, Dragon & Tambour, ils soient tenus de s'entretenir de linge & chaussure; & qu'au moyen des deux sols de plus qui leur sont accordés pendant qu'ils serviront en campagne, la gratification dont ils jouissoient précédemment, sous le titre d'écu de campagne, soit & demeure supprimée à l'avenir.

Linge, chaussure & Écu de campagne.

X X X I X.

LES Capitaines de tous les régimens de Dragons, seront à l'avenir déchargés du soin de faire les remontes & les recrues de leurs compagnies; l'intention de Sa Majesté étant de leur faire fournir toutes les recrues & remontes dont ils auront besoin.

Le Roi se charge des recrues.

X L.

DÉFEND en conséquence Sa Majesté à tous les Officiers de donner à l'avenir aucun congé absolu, se réservant d'expliquer par la suite ses intentions sur la manière dont ils seront expédiés.

Défense aux Officiers de donner des congés absolus.

X L I.

SA MAJESTÉ ayant réglé que les Officiers de ses régimens de Dragons seroient toûjours, & en tout temps, montés sur des chevaux d'escadron, Elle enjoint aux Commissaires de ses guerres de faire mention sur leurs

Les Officiers tenus d'être montés sur des chevaux d'escadron.

revûes, du ſignalement deſdits chevaux; défendant Sa Majeſté aux Officiers de s'en défaire, ſans permiſſion des Officiers généraux qui ſeront chargés de l'inſpection deſdits régimens.

XLII.

Fourrage aux chevaux des Officiers.

IL ſera fourni, en temps de paix, une ration de fourrage pour les chevaux des Officiers, de quelque grade qu'ils ſoient; ſe réſervant Sa Majeſté de régler par la ſuite le nombre de rations de fourrage qui leur devra être fourni en temps de guerre.

XLIII.

Fonds des Fourrages remis à la caiſſe des régimens.

SA MAJESTÉ donnera ſes ordres pour faire remettre à la caiſſe de chaque régiment, tous les mois, le prix de la ration de fourrage pour chaque cheval de la troupe & des Officiers, & l'emploi de cette ſomme ſera fait en conformité du règlement particulier qu'Elle ſe propoſe de faire à cet effet, & ſur les ordres directs du Secrétaire d'État ayant le département de la guerre.

XLIV.

Armement.

SA MAJESTÉ fera fournir à l'avenir, aux régimens de Dragons, l'armement dont ils auront beſoin.

XLV.

Maſſe de l'habillement.

LA Maſſe de l'habillement deſdits régimens, ſera établie, à commencer du jour de la nouvelle compoſition de chacun d'eux, qui ſera conſtatée par le procès-verbal du Commiſſaire des guerres qui y ſera préſent, ſur le pied par jour, de deux ſols pour chaque Maréchal-des-logis, Fourrier, Brigadier, Appointé, Dragon & Tambour; laquelle Maſſe ſera toûjours payée ſur le pied complet, & remiſe tous les mois, avec la ſolde, au Tréſorier du régiment, lequel la dépoſera dans la caiſſe;

mais

mais Sa Majesté se réserve l'administration directe de ladite Masse, au moyen de laquelle Elle donnera ses ordres pour faire habiller tous ses régimens de Dragons.

XLVI.

Les Capitaines jouiront de leurs appointemens, à la seule déduction des quatre den. pour livre.

VEUT Sa Majesté que dans tous les temps, les Capitaines de Dragons jouissent de leurs appointemens en entier, à la seule retenue des quatre deniers pour livre de leurs compagnies, non compris les Officiers; leur défendant très-expressément de payer, sous tel prétexte que ce puisse être, aucuns faux-frais de place, ni doubles rôles aux Trésoriers, ni frais de bureau aux Trésoriers particuliers des régimens, ni gratification à qui que ce soit: Enjoignant Sa Majesté aux Majors des régimens, d'y tenir exactement la main, sous peine d'en répondre en leur propre & privé nom, & d'être cassés, s'ils n'informent pas le Secrétaire d'État ayant le département de la guerre, de ce qu'on pourroit exiger à cet égard, & de ce qui pourroit se payer de gré à gré.

XLVII.

Suppression des gratifications attachées aux charges.

Suppression des routes aux Capitaines, ainsi que de la remonte & de l'ustensile.

AU moyen du traitement réglé par la présente ordonnance, toutes les gratifications annuelles attachées aux charges, de tel grade que ce soit, seront supprimées; & Sa Majesté n'accordera plus aux Capitaines de Dragons, ni routes, ni remontes, ni ustensiles, soit en temps de paix, soit en temps de guerre.

XLVIII.

Les Capitaines chargés de veiller à leur troupe, sous peine de punition.

L'INTENTION de Sa Majesté est que, quoique les Capitaines ne soient plus chargés ni des recrues, ni de l'entretien de leur troupe, ni de la nourriture de leurs chevaux, ils veillent cependant avec la même attention, à tout ce qui pourra contribuer au bien-être des Dragons, à leur entretien & à la conſervation des chevaux: Déclarant Sa Majeſté qu'Elle fera punir ſévèrement, ſuivant l'exigence des cas, tous ceux qui y auront apporté la moindre négligence.

X L I X.

Uniforme des régimens.

L'INTENTION de Sa Majeſté étant que dorénavant les régimens de Dragons, ſoient habillés de vert, avec des marques diſtinctives pour chacun, Elle a jugé à propos d'arrêter l'état des uniformes de chacun des régimens conſervés par la préſente ordonnance, à laquelle Elle l'a fait annexer: Enjoignant Sa Majeſté aux Meſtres-de-camp deſdits régimens, de la faire exécuter en tout point; leur défendant d'y ſouffrir aucun changement, qu'avec une permiſſion expreſſe & par écrit du Secrétaire d'État ayant le département de la guerre, d'après les ordres de Sa Majeſté, ſous peine de deſobéiſſance, & de payer de leurs appointemens la dépenſe qu'auroient occaſionnés les changemens par eux ordonnés: Déclarant Sa Majeſté qu'Elle fera caſſer les Majors des régimens qui n'auront point informé le Secrétaire d'État ayant le département de la guerre, des changemens qu'on auroit introduits dans leſdits régimens; défendant auſſi Sa Majeſté à celui qu'Elle a chargé de la régie de l'habillement des Troupes, de ſe prêter à aucun changement ni à l'admiſſion d'aucun ornement, autres que ceux portés dans l'état arrêté par Sa Majeſté, ſous peine d'en répondre en ſon propre & privé nom.

L.

Le régiment de Schomberg aſſujéti à la même compoſition & au même traitement.

VEUT & entend Sa Majeſté que le régiment de Schomberg ſoit aſſujéti à la même compoſition, au même traitement & à toutes les règles preſcrites par la présente ordonnance, à commencer du jour qu'il y aura été réduit, nonobstant qu'il ait été jusqu'à présent traité sur le pied étranger.

L I.

Moyen de parvenir à la nouvelle composition.

POUR parvenir à la nouvelle composition prescrite par la présente ordonnance, les Inspecteurs qu'Elle chargera de son exécution, feront mettre chaque régiment sous les armes, par les ordres des Gouverneurs ou Commandans des provinces ou places où ils se trouveront, & en présence du Commissaire des guerres qui en aura la police.

L I I.

Revûes d'inspection & de subsistance desdits régimens.

LES Inspecteurs feront de chacun desdits régimens, avant & après le doublement des compagnies, une revûe exacte, par laquelle ils constateront le nombre d'Officiers, de Dragons & de chevaux dont ledit régiment sera composé; le Commissaire des guerres fera aussi la sienne, pour servir au payement dudit régiment, jusques & compris le jour de sa nouvelle composition, exclusivement.

L I I I.

Dresser un etat des dettes du Corps.

L'INSPECTEUR entrera à sa revûe, dans le détail le plus exact des dettes du régiment, par compagnies, & en fera dresser un état, sur lequel seront marquées lesdites dettes, leur nature, leur époque, les motifs pour lesquels elles auront été contractées, le nom & la demeure des Marchands ou créanciers auxquels il sera dû, & les preuves de ces dettes.

L I V.

Dresser un état des dettes personnelles.

IL fera ensuite dresser un état des dettes personnelles de chaque Officier, avec le même détail que pour les dettes du régiment.

L V.

Dresser un état de ce qui sera dû aux régimens.

L'INSPECTEUR dressera ensuite un état détaillé de ce qui sera dû à chaque régiment, soit sur ses Masses, son ustensile ou ses remontes, soit sur d'autres parties séparées, en distinguant toutes les dettes par nature, avec leurs époques.

L V I.

Dresser un contrôle des Officiers & de leurs services.

L'INSPECTEUR fera dresser un contrôle de tous les Officiers, contenant leurs noms, surnoms, les dates & les lieux de leur naissance, le détail exact de leurs services, l'époque de leurs différens grades, leurs blessures, enfin tous les détails qui pourront faire connoître leurs services, leurs mœurs & leurs talens.

L V I I.

Dresser un etat de tous ceux qui seront dans le cas d'être reçûs à l'Hôtel royal des Invalides.

IL sera ensuite formé un état, contenant les noms, surnoms & services des Maréchaux-des-logis, Brigadiers, Dragons ou Tambours, que l'Inspecteur jugera dans le cas d'être admis à l'Hôtel royal des Invalides, conformément aux règlemens, & notamment à l'ordonnance du 3 décembre 1730: il joindra à cet état leur congé absolu, les certificats de leurs services & ceux de leurs blessures qui les rendroient susceptibles de cette grace au défaut de services suffisans; après quoi il les fera mettre en marche pour se rendre à l'Hôtel, sur les routes qui lui seront envoyées à cet effet : voulant Sa Majesté que les Officiers qui seroient susceptibles de la même grace, soient compris sur le même état & sur les routes, pour prendre soin des Dragons jusqu'à leur arrivée à l'Hôtel, & il sera envoyé sur le champ un double de ces états au Secrétaire d'État ayant le département de la guerre.

LVIII.

Choix des Officiers de l'État-major, nouvellement créés.

CES opérations faites, il procédera, de concert avec les Mestres-de-camp, au choix de ceux des Lieutenans ou Cornettes, qui seront les plus propres à remplir les places de Sous-aides-major; de ceux des Maréchaux-des-logis qui devront remplir les places de Porte-guidon & de Quartier-Maître; il en enverra les noms au Secrétaire d'État ayant le département de la guerre, pour les faire agréer par Sa Majesté.

LIX.

Doublement des compagnies, & réduction desdites compagnies à quarante-six Dragons.

DANS les régimens composés de seize compagnies, l'Inspecteur doublera les compagnies, en incorporant la neuvième dans la première, la dixième dans la seconde, & ainsi de suite; il séparera après cette opération les quatre Dragons ou les quatre Miliciens dont les engagemens seront expirés depuis plus long-temps, pour les renvoyer chez eux avec leur congé absolu; après quoi il composera les huit compagnies restantes, des quarante-six Dragons les plus élevés & les plus en état de servir : Et Sa Majesté ayant réglé que de ces quarante-six Dragons, il y en auroit trente de montés & seize à pied, il choisira dans le nombre des chevaux les trente meilleurs, pour monter les trente Dragons qui doivent être à cheval; il fera sur le champ marquer lesdits trente chevaux de la première lettre du nom du régiment, & numéroter du numéro désignant le rang du régiment.

A l'égard des huit compagnies du régiment de Schomberg, elles seront réduites, tant en hommes qu'en chevaux, au nombre fixé pour toutes les autres compagnies des régimens de Dragons.

L X.

Capitaines qui devront commander les compagnies.

LES compagnies étant ainſi composées des quarante-ſix Dragons, & des trente chevaux les plus en état de ſervir, l'Inſpecteur y attachera les Officiers qui devront les commander ; & à cet effet, les Meſtres-de-camp & les Lieutenans-colonels reprendront chacun une compagnie, & les ſix reſtantes ſeront données aux ſix Capitaines les plus anciens de commiſſion de tout le régiment.

Les Meſtres-de-camp & Lieutenans-colonels du régiment de Schomberg, prendront auſſi chacun une compagnie.

L X I.

Rang des Capitaines.

S'IL ſe trouvoit des Capitaines dont les commiſſions ſoient de même date, l'Inſpecteur préférera ceux dont les brevets de Lieutenant ou de Cornette ſeront les plus anciens ; & ſi tous leurs brevets ſe trouvoient de même date, alors il les fera tirer au ſort.

L X I I.

Lieutenans & Sous-lieutenans.

QUANT aux Lieutenans & aux Sous-lieutenans à placer auxdites compagnies de Dragons, les plus anciens de tout le Corps, dans l'ordre expliqué ci-deſſus pour les Capitaines, ſeront placés aux Lieutenances, les moins anciens aux Sous-lieutenances ; & s'il reſtoit quelques Sous-lieutenances vacantes, veut Sa Majeſté qu'elles ſoient remplies par les plus anciens Cornettes, ſuivant leur rang d'ancienneté.

L X I I I.

Capitaines, Cornettes & Dragons excédans, réformés.

TOUS les Capitaines, Cornettes & Dragons qui ſe trouveront excédans, ſeront réformés.

L X I V.

APRÈS que les compagnies auront été composées

des quarante-ſix hommes & des trente chevaux les plus en état de ſervir, & que les Officiers y auront été attachés, l'Inſpecteur fera dreſſer les contrôles par compagnies, des hommes qui la compoſeront, contenant leurs noms, ſurnoms & ſignalemens, le lieu & la date de leur naiſſance, leurs grades, l'époque de leur engagement, le ſignalement des chevaux ſur leſquels ils ſeront montés, & il enverra des doubles de ces contrôles au Secrétaire d'État ayant le département de la guerre. *Contrôle des hommes qui compoſeront les compagnies.*

L X V.

L'INTENTION de Sa Majeſté eſt que dans chaque régiment, les compagnies Meſtre-de-camp & Lieutenante-colonelle marchent les premières, & que les autres marchent entr'elles ſuivant le rang d'ancienneté des Capitaines qui les commanderont. *Rang des compagnies.*

L X V I.

A l'égard des chevaux qui ſeront excédans, l'Inſpecteur les fera vendre ſur le champ, avec leur équipement & celui des Dragons, au profit du Capitaine à qui ils appartenoient; l'intention de Sa Majeſté étant que ſur le produit de ladite vente, il ſoit donné dix-huit livres à chaque Dragon réformé, pour lui donner moyen de retourner chez lui. *Chevaux excédans, vendus au profit des Capitaines, en donnant dix-huit livres aux Dragons réformés.*

L X V I I.

A l'égard des Dragons qui ſeront aux Hôpitaux, l'Inſpecteur en fera dreſſer un état qu'il fera ſigner par les Meſtres-de-camp, Lieutenans-colonels & Majors des régimens, lequel état il enverra au Secrétaire d'État ayant le département de la guerre, avec les congés abſolus des hommes qui y ſeront compris, afin que ſur le compte qui en ſera rendu à Sa Majeſté, Elle puiſſe décider de *Dragons aux Hôpitaux.*

leur ſort; voulant Sa Majeſté que la ſolde continue à leur être payée, à compter du jour qu'ils ſeront en état de ſortir deſdits Hôpitaux, juſqu'à ce qu'Elle ait décidé de leur deſtination ultérieure.

LXVIII.

Les armes remiſes aux Magaſins.

LES armes deſdits Dragons excédans, ſavoir, les fuſils, piſtolets, ſabres & bayonnettes, ſeront remiſes avec les calottes & plaſtrons dans les magaſins de l'Artillerie, par les ſoins du Commiſſaire des guerres, & il en ſera dreſſé des inventaires dont leſdits Commiſſaires enverront des copies au Secrétaire d'État ayant le département de la guerre, avec la reconnoiſſance des Gardes-magaſins au bas deſdits inventaires.

LXIX.

Défenſe aux Dragons de s'écarter de leur route.

DÉFEND très-expreſſément Sa Majeſté aux Dragons qui ſeront licenciés, de s'écarter de la route qu'ils devront tenir pour s'acheminer dans leur province, ſous peine à ceux nés ſujets du Roi, qui ſeront rencontrés ſortant des terres de l'obéiſſance de Sa Majeſté, pour paſſer dans les pays étrangers, d'être arrêtés & punis comme déſerteurs; & à ceux qui s'arrêteront dans les villages de la route ou des environs, d'être traités comme vagabonds, à moins qu'ils n'y euſſent trouvé du travail, & qu'ils y ſoient employés de l'aveu des Officiers de la communauté, auxquels ils ſeront obligés de ſe préſenter pour en avoir des certificats en cas de beſoin; enjoignant Sa Majeſté aux Prevôts généraux des Maréchauſſées, de veiller à ce que leſdits Dragons ne s'attroupent point, & d'arrêter & mettre en priſon ceux qui feroient le moindre deſordre, pour être punis ſans délai ſuivant la nature des délits.

LXX.

LXX.

Décompte fait jusqu'au jour de la réforme.

L'INTENTION de Sa Majesté est que le décompte des appointemens de solde qui seront dûs aux Officiers, Maréchaux-des-logis & Dragons réformés, leur soit fait jusques & compris le jour de leur réforme, quand bien même ils seroient absens par semestre ou par congé.

LXXI.

Dettes personnelles ou de l'État-major, comment acquittées.

L'INSPECTEUR donnera ses ordres pour que les dettes personnelles des Officiers réformés, & les sommes qu'ils pourroient devoir à l'État-major, soient prélevées sur ce qui leur sera dû d'appointemens & sur le produit de la vente des chevaux; & si ces sommes ne suffisoient point, il déclarera, de la part de Sa Majesté, qu'elles seront retenues & payées sur les pensions ou appointemens de ceux desdits Officiers auxquels Sa Majesté en aura accordé.

LXXII.

Pensions des Officiers réformés.

LES Capitaines réformés, jouiront en pension sur le Trésor royal, de cinq cents livres; les Lieutenans qui auront servi dix ans, de deux cents cinquante livres; & les Cornettes qui auront été Maréchaux-des-logis, de cent cinquante livres; les autres Cornettes se retireront chez eux jusqu'à ce que Sa Majesté ait occasion de rappeler à son service ceux dont on lui aura rendu de bons témoignages.

LXXIII.

Cornettes sortis de l'École militaire.

ENTEND Sa Majesté que si parmi les Cornettes réformés, il s'en trouvoit qui fussent sortis de l'École militaire, ils soient remplacés, par préférence à tous nouveaux sujets, aux premières charges de Sous-lieutenans qui viendront à vaquer dans tous les régimens de Dragons indistinctement, & qu'en attendant ils jouissent chez eux de deux cents livres d'appointemens.

LXXIV.

Officiers incorporés & réformés à la suite des corps, renvoyés chez eux.

A l'égard des Officiers incorporés & réformés, à la ſuite des régimens, ils ſe retireront chez eux & non ailleurs, & y toucheront les appointemens qui leur ont été précédemment accordés; Sa Majeſté étant dans l'intention de ne plus entretenir d'Officiers incorporés ou réformés à la ſuite des régimens de Dragons.

LXXV.

Procès-verbaux de réforme.

L'INTENTION de Sa Majeſté eſt qu'il ſoit dreſſé, par les Commiſſaires des guerres qui ſeront préſens à l'exécution de la préſente ordonnance, des procès-verbaux de la nouvelle compoſition des régimens qui y eſt preſcrite; voulant Sa Majeſté que les appointemens, la Solde & la Maſſe réglés, aient lieu, à commencer du jour de la date deſdits procès-verbaux, dont il ſera remis un double, ſigné deſdits Commiſſaires des guerres, aux Tréſoriers; voulant auſſi Sa Majeſté qu'il en ſoit envoyé des doubles au Secrétaire d'État ayant le département de la guerre.

LXXVI.

Journées d'Hôpitaux au compte du Roi.

A commencer du jour de la nouvelle compoſition de chacun deſdits régimens, il en ſera uſé pour les journées d'hôpitaux des Dragons, de la même manière que Sa Majeſté a réglé pour l'Infanterie françoiſe, par les articles XCIX, C & CI de l'ordonnance du 10 décembre 1762. Mandant Sa Majeſté au ſieur Duc de Chevreuſe Colonel général, & au ſieur Duc de Coigny Meſtre-de-camp général des Dragons, de tenir la main à l'exécution de la préſente ordonnance.

MANDE & ordonne Sa Majeſté aux Officiers généraux

ayant commandement sur ses Troupes, aux Gouverneurs & ses Lieutenans généraux en ses provinces, aux Gouverneurs & Commandans de ses villes & places, aux Intendans en sesdites provinces & sur ses frontières, aux Inspecteurs généraux de Cavalerie & de Dragons, aux Commissaires des guerres, & à tous autres ses Officiers qu'il appartiendra, de tenir la main à l'exécution de la présente. FAIT à Versailles le vingt-un décembre mil sept cent soixante-deux. *Signé* LOUIS. *Et plus bas,* LE DUC DE CHOISEUL.

MARIE-CHARLES-LOUIS D'ALBERT, Duc DE LUYNES & DE CHEVREUSE, Pair de France, Chevalier Commandeur des Ordres du Roi, Lieutenant général de ses Armées, Colonel général des Dragons de France, Gouverneur & Lieutenant général pour Sa Majesté de la ville, prevôté & vicomté de Paris.

VÛ l'Ordonnance du Roi du 21 décembre 1762, concernant les Dragons, par laquelle Sa Majesté explique ses intentions sur la composition de ses régimens de Dragons, & leur donne, ainsi qu'à ceux de sa Cavalerie, une constitution solide & invariable; ladite ordonnance à nous adressée, avec ordre de tenir la main à son exécution; Mandons à Monsieur le Duc de Coigny, Mestre-de-camp général des Dragons, de tenir la main à ce qu'elle soit exactement observée: Ordonnons à tous

Brigadiers, Meſtres-de-camp & autres Commandans des Dragons, de s'y conformer, & de la faire exécuter ſelon ſa forme & teneur. FAIT à Choiſy le vingt-cinq février mil ſept cent ſoixante-trois. *Signé* LE DUC DE CHEVREUSE. *Et plus bas*, par Monſeigneur, BERNARD.

ÉTAT arrêté par le Roi, de l'Uniforme que Sa Majeſté a réglé pour l'Habillement & Équipement de ſes régimens de Dragons.

COLONEL-GÉNÉRAL.

Habit de drap vert, doublure verte, paremens, revers & collet de panne cramoiſie, poche ordinaire garnie de trois boutons, avec boutonnières aurores, autant au parement, ſix au revers & quatre au deſſous.

Veſte de drap chamois, doublée de cadis blanc, la patelette cramoiſie.

Culotte chamois.

Boutons jaunes. . . . . n.° 1.er

Le caſque pour coëffure.

L'équipage du cheval bordé d'un galon de laine à chaînette, tout blanc.

MESTRE-DE-CAMP-GÉNÉRAL.

Habit de drap vert, doublure verte, paremens, revers & collet de drap rouge, poche ordinaire garnie de trois boutons, avec boutonnières aurores, autant au parement, ſix au revers & quatre au deſſous.

Veſte de drap chamois, doublée de cadis blanc, la patelette rouge.

Culotte chamois.

Boutons jaunes. . . . . n.° 2.

Le caſque pour coëffure.

L'équipage du cheval bordé d'un galon de laine en velours à l'épingle, fond blanc, ſurchargé d'une fleur-de-lis aurore, encadrée d'un grand ovale aurore.

ROYAL.

Habit de drap vert, doublure verte, paremens, revers & collet rouges, poche ordinaire garnie de trois boutons, autant à la manche, ſix au revers, quatre au deſſous.

La veſte de drap chamois, doublée de cadis blanc, la patelette rouge, liſérée de blanc.

Culotte chamois.

Boutons blancs. n.° 3.

Le caſque pour coëffure.

L'équipage du cheval bordé d'un galon à chaînettes bleues & rouges, fond blanc, en laine.

DU ROI.

Habit de drap vert, doublure verte, paremens, revers & collet en drap couleur de roſe, doubles poches en long garnies de trois boutons chacune, cinq au revers, dont un détaché & les autres de deux en deux, quatre au deſſous & trois au parement.

La veſte de drap chamois, doublée de cadis blanc, la patelette couleur de roſe.

Culotte chamois.

Boutons blancs. . . . . n.° 4.

Le caſque pour coëffure.

L'équipage du cheval bordé de galon en chaînettes bleues, rouges & blanches, fond plein jaune, en laine.

LA REINE.

Habit de drap vert, doublure verte, paremens, revers & collet violets, poche ordinaire garnie de trois boutons, autant à la manche, ſix au revers & quatre au deſſous.

La veſte de drap chamois, doublée de cadis blanc, la patelette violette.

Culotte chamois.

Boutons blancs. . . . . n.° 5.

Le caſque pour coëffure.

L'équipage du cheval en drap rouge, bordé d'un galon à la livrée de la Reine.

DAUPHIN.

Habit & collet de drap vert, doublure verte, paremens & revers violets, doubles poches en long garnies de quatre boutons à diſtance égale, trois à la manche, ſept au revers, dont un détaché & les ſix autres de deux en deux, quatre au deſſous de même.

La veſte de drap chamois, doublée de cadis blanc, la patelette violette, liſérée de blanc.

Culotte chamois.

Boutons blancs. . . . . n.° 6.

Le caſque pour coëffure.

L'équipage du cheval en drap vert, bordé d'un galon moucheté de bleu, fond blanc, en laine veloutée.

ORLÉANS.

Habit, paremens de drap vert, doublure verte, collet & revers rouges, poche ordinaire garnie de trois boutons, autant au parement, ſix au revers & quatre au deſſous.

La veſte de drap chamois, doublée de cadis blanc, la patelette verte, liſérée de rouge.

Culotte chamois.

Boutons blancs. . . . . n.° 7.

Le caſque pour coëffure.

L'équipage du cheval en drap rouge, bordé d'un galon à la livrée d'Orléans.

BEAUFFREMONT.

Habit & collet de drap vert, doublure verte, paremens & revers ventre-de-biche, poche ordinaire garnie de quatre boutons, ſix au revers, quatre au deſſous, autant au parement.

La veſte de drap chamois, doublée de cadis blanc, la patelette ventre-de biche.

Culotte chamois.

Boutons blancs. . . . . n.° 8.

Le caſque pour coëffure.

L'équipage du cheval en drap vert, bordé d'un galon en chaînettes couleur iſabelle, en laine.

CHOISEUL.

Habit de drap vert, doublure verte, collet, paremens & revers jaune-citron, doubles poches en long garnies de quatre boutons à diſtance égale, ſix au revers, quatre au deſſous & autant au parement.

La veſte de drap chamois, doublée de cadis blanc, à patelette jaune-citron.

Culotte chamois.

Boutons blancs. . . . . n.° 9.

Le casque pour coëffure.

L'équipage du cheval en drap vert, bordé d'un galon en laine, fond blanc, à deux lézards cramoisi veloutés.

D'AUTICHAMP.

Habit & paremens de drap vert, doublure verte, revers & collet de drap couleur de rose, poche ordinaire garnie de quatre boutons, six au revers, quatre au dessous & autant au parement.

La veste de drap chamois, doublée de cadis blanc, la patelette verte, liserée, de couleur de rose.

Culotte chamois.

Boutons blancs. . . . . n.° 10.

Le casque pour coëffure.

L'équipage du cheval en drap vert, bordé d'un galon fond blanc, avec un raie verte au milieu, en laine à chaînette.

CHABOT.

Habit de drap vert, doublure verte, paremens, collet & revers ventre-de-biche, doubles poches en long garnies de trois boutons chacune, trois au parement, sept aux revers, dont un détaché & le surplus de deux en deux, quatre au dessous.

La veste de drap chamois, doublée de cadis blanc, la patelette verte, liserée ventre-de-biche.

Culotte chamois.

Boutons blancs. . . . . n.° 11.

Le casque pour coëffure.

L'équipage du cheval en drap vert, bordé d'un galon fond blanc, à double raie cramoisi & chaînette en laine.

COIGNY.

Habit de drap vert, doublure verte, revers, collet & paremens de panne noire, poche ordinaire garnie de trois boutons, autant au parement, six au revers, quatre au dessous

La veste de drap chamois, doublée de cadis blanc, la patelette noire.

Culotte chamois.

Boutons blancs. . . . . n.° 12.

Le casque pour coëffure.

L'équipage du cheval en drap vert, bordé d'un galon à tablettes vertes & blanches, fond plein, en laine.

NICOLAÏ.

Habit de drap vert, doublure verte, paremens, collet & revers aurore, poche ordinaire garnie de quatre boutons, autant au parement, six au revers, & quatre au dessous.

La veste de drap chamois, doublée de cadis blanc, la patelette aurore.

Culotte chamois.

Boutons blancs. . . . . n.° 13.

Le casque pour coëffure.

L'équipage du cheval en drap vert, bordé d'un galon à tablettes bleues & aurore, fond plein, en laine.

CHAPT.

Habit & paremens de drap vert, doublure verte, collet & revers jaunes, poche ordinaire garnie de quatre boutons, un à chaque extrémité & deux au milieu, quatre au parement de deux en deux, six au revers & quatre au dessous de même.

La veste de drap chamois, doublée de cadis blanc, la patelette jaune, liserée de blanc.

Culotte chamois.

Boutons blancs. . . . . n.° 14.

Le casque pour coëffure.

L'équipage du cheval en drap vert, bordé d'un galon à tablettes blanches & noires, fond plein, en laine.

CHABRILLANT.

Habit & collet de drap vert, doublure verte, revers & paremens aurore, la poche en long garnie de trois boutons, trois au parement, six au revers par un, deux & trois, quatre au dessous.

La veste de drap chamois, doublée de cadis blanc, la patelette aurore, liserée de blanc.

Culotte chamois.

Boutons blancs. . . . . n.° 15.

Le casque pour coëffure.

L'équipage

L'équipage du cheval en drap vert, bordé d'un galon en chaînette blanche, fond plein violet, en laine.

LANGUEDOC.

Habit & paremens de drap vert, doublure verte, revers & collet blanc, la poche en long garnie de quatre boutons, dont un aux extrémités & deux au milieu, fix aux revers de deux en deux, quatre au deffous de même, & autant au parement.

La vefte de drap chamois, doublée de cadis blanc, la patelette blanche.

Culotte chamois.

Boutons blancs. . . . . n.° 16.

Le cafque pour coëffure.

L'équipage du cheval en drap vert, bordé d'un galon à tablettes bleues & blanches, fond plein, en laine.

SCHOMBERG.

Habit de drap vert, doublure verte, paremens, collet & revers rouges, poche ordinaire garnie de trois boutons, le parement fermé par trois boutons, fept au revers, dont un détaché & les autres de deux en deux, quatre au deffous.

La vefte de drap chamois, doublée de cadis blanc, la patelette rouge, liférée de chamois.

Culotte chamois.

Boutons blancs. . . . . n.° 17.

Le cafque pour coëffure.

L'équipage du cheval en drap vert, bordé d'un galon fond aurore à doubles lézards noirs, en laine veloutée.

L'HABILLEMENT des Maréchaux des-logis, Fourriers, Brigadiers, Appointés & Dragons, fera compofé d'un jufte-au-corps de drap de Lodève ou Berri vert, doublé de cadis ou ferge de même couleur, orné de paremens, collet & revers, & d'une éguillette de laine dans les couleurs réglées pour chaque régiment, à l'exception du Maréchal-des-logis qui portera l'éguillette en foie.

Le régiment du Colonel-général & celui de Coigny, feront les feuls autorifés à porter les paremens, collet & revers de l'uniforme; ſavoir, les Dragons en panne, & les Officiers en velours : toutes les autres couleurs de l'uniforme des autres régimens ſeront obſervées & exécutées en drap.

Il ſera donné un ſurtout en étoffe de laine verte croiſée, propre à porter lors du panſement des chevaux.

Une veſte courte, de drap couleur chamois, avec des poches figurées ſeulement, doublée de cadis ou ſerge blanche.

Un caſque, monté & figuré comme ceux du régiment de Schomberg.

Un manteau de drap gris-blanc, d'une aune de large, fabriqué & apprêté à deux envers, parementé ſur le devant d'une aune de cadis - canourgue vert, garni de trois doubles brandebourgs en laine, des mêmes couleurs que celles qui ſont réglées pour l'équipage du cheval.

Les Tambours des régimens Royaux, porteront l'habit en drap bleu, à la petite livrée du Roi: ceux des autres régimens porteront la livrée des Colonels, avec les revers, collet & paremens des couleurs réglées pour chaque régiment; coupe des poches & poſition des boutons, pour être plus facilement diſtingués entr'eux; les revers, devans & derrières de l'habit & les poches ſeront bordés d'un petit galon de ſoie; la taille ou le deſſous des revers ſera garni de deux brandebourgs, les poches le ſeront de trois doubles chacune, les paremens & les baſques ou derrières de l'habit, de deux de chaque côté.

Le ſurplus de l'uniforme des Tambours, ſera comme celui des Dragons.

Les boutonnières, à l'exception des deux régimens de l'État-major, qui porteront les boutonnières de poil de chèvre aurore, ne ſeront faites qu'en poil de chèvre de la couleur des draps ſur leſquels elles ſeront appliquées, celui des autres couleurs étant expreſſément défendu.

Les habits uniformes des Officiers ſeront ſemblables à ceux des Dragons, & ne différeront que par la qualité des draps d'Elbeuf ou des manufactures de pareille qualité, & des boutons qui feront dorés ou argentés; il ne fera employé de doublures aux habits, d'aucune autre étoffe que de laine, ni aucuns galons ou boutonnières de fil d'or ou d'argent fur les jufte-au-corps, manteaux ou redingottes, ni fur les veftes, lefquelles feront de drap couleur chamois, à l'exception des Officiers des régimens de l'État-major, qui porteront la boutonnière en fil d'or.

Et pour que chacun defdits Officiers ait un ornement diftinctif du grade qu'il occupera dans le Corps,

Le COLONEL portera fur l'épaule droite une éguillette, & fur la gauche une épaulette garnie de franges à nœuds de cordelières, graines d'épinars & jafmins d'or ou d'argent, felon la couleur du bouton blanc ou jaune affectée au régiment.

Le LIEUTENANT-COLONEL portera, de même que le Colonel, l'éguillette & l'épaulette, qui ne fera garnie que de graines d'épinars & nœuds de cordelières, fans jafmins.

Le MAJOR portera les mêmes ornemens, fi ce n'eft que l'épaulette ne fera garnie que d'une frange fimple, fans nœuds de cordelières ni graines d'épinars.

Le CAPITAINE portera l'épaulette & l'éguillette comme celle du Major, mais elle n'aura aucunes franges.

Le LIEUTENANT portera l'éguillette mêlée de deux tiers d'or ou d'argent, avec un tiers de foie aurore ou blanche, felon la couleur du bouton; & l'épaulette à carreaux de foie, fur un fond de treffe d'or ou d'argent.

Le CORNETTE ou le SOUS-LIEUTENANT portera l'éguillette à deux tiers de foie jaune ou blanche, avec un tiers d'or ou d'argent; & l'épaulette en treffe lofangée d'or ou d'argent, fur un fond de foie blanche ou aurore, felon la couleur du bouton.

Les PORTE-GUIDONS & QUARTIERS-MAÎTRES porteront l'éguillette comme le Sous-lieutenant, & l'épaulette à fond de foie jaune ou blanche, liférée d'or ou d'argent.

Les MARÉCHAUX-DES-LOGIS porteront l'éguillette en soie.

Les revers pour tous les régimens de Dragons, auront quinze pouces de long au plus, sur trois pouces & demi de large, à la partie supérieure, & seront garnis de boutons en nombre fixé & déterminé pour chaque Corps.

Les boutons des revers seront petits, comme pour les vestes.

Le collet aura trois pouces & demi de large, pour qu'il en demeure deux & demi apparens.

Les paremens de la manche seront en bottes bordées d'un galon d'or ou d'argent fin, d'un pouce de large pour le Maréchal-des-logis.

Les Fourriers porteront à chaque manche, au dessus du coude, deux bandes de galon d'or ou d'argent, de la largeur de dix lignes, cousus sur le dehors du bras d'une couture à l'autre.

Les paremens seront bordés d'un double galon de fil ou laine blanche ou jaune, de la largeur de huit & dix lignes pour les Brigadiers, & d'un simple galon de la largeur de dix lignes pour les Appointés.

FAIT à Versailles le vingt-un décembre mil sept cent soixante-deux. *Signé* LOUIS. *Et plus bas*, LE DUC DE CHOISEUL.

A PARIS, DE L'IMPRIMERIE ROYALE. 1763.

www.ingramcontent.com/pod-product-compliance
Ingram Content Group UK Ltd.
Pitfield, Milton Keynes, MK11 3LW, UK
UKHW032019260826
14628UKWH00006B/2575

9 782329 340524